Wilhelm Wiegand

Die Alamannenschlacht vor Strassburg 357 n. Chr

Eine kriegsgeschichtliche Studie

Wilhelm Wiegand

Die Alamannenschlacht vor Strassburg 357 n. Chr
Eine kriegsgeschichtliche Studie

ISBN/EAN: 9783743420694

Hergestellt in Europa, USA, Kanada, Australien, Japan

Cover: Foto ©ninafisch / pixelio.de

Manufactured and distributed by brebook publishing software (www.brebook.com)

Wilhelm Wiegand

Die Alamannenschlacht vor Strassburg 357 n. Chr

.

DIE ALAMANNENSCHLACHT

VOR STRASSBURG

357 n. Chr.

EINE KRIEGSGESCHICHTLICHE STUDIE

VON

WILHELM WIEGAND

Archiv-Director

Mit einer Karte und einer Wegskizze

STRASSBURG
J. H. Ed. HEITZ (HEITZ & MÜNDEL).
1887.

Sr. Exc. HERRN GENERAL-LIEUTENANT

von GOTTBERG

COMMANDEUR DER KAVALLERIE-DIVISION DES XV. ARMEECORPS

IN DANKBARER ERINNERUNG

AN DIE COLMARER DIENSTZEIT

ZUGEEIGNET.

VORWORT.

Die erste Anregung zu der vorliegenden Studie hat der im Jahr 1880 erschienene Aufsatz von Felix Dahn über die Alamannenschlacht bei Strassburg gegeben. Der darin hervortretende absolute Mangel jeglicher topographischer Untersuchung veranlasste mich, grade dieser bisher über Gebühr vernachlässigten Seite der Frage zunächst meine Aufmerksamkeit zuzuwenden. Herrn Senats-Secretär Dr. Schricker, den zu gleicher Zeit dies Problem anzog, mit dem gemeinsam ich zum ersten Male das Schlachtfeld besuchte und in der Strassburger Historischen Gesellschaft die Resultate unsrer Beobachtungen vortrug, bin ich für manchen werthvollen Hinweis zu lebhaftem Dank verpflichtet, ebenso Herrn Professor Dr. Nissen zu Bonn namentlich für die genauere chronologische Bestimmung der Schlacht. Meine von Dahn total abweichende Auffassung der Schlacht brachte ich in zwei Artikeln der Litterarischen Beilage der Gemeinde-Zeitung für Elsass-Lothringen 1881 Nr. 1 u. 2 zum Ausdruck. Nachdem ich seither das Schlachtfeld nach allen Seiten hin, allein und mit unterrichteten Freunden, wiederholt durchwandert habe und die Ueberzeugung von der Richtigkeit meiner Annahmen nur verstärkt worden ist, lege ich jetzt dieselben sammt ihrer wissenschaftlichen Begründung einem grössern Kreise zur Prüfung vor.

Strassburg, im Mai 1887.

W. WIEGAND.

Untersuchungen über die Oertlichkeit altgermanischer Schlachtfelder stehen schon längst nicht mehr in dem Rufe, dankbar zu sein und unbestreitbare, wissenschaftlich völlig gesicherte Resultate mühelos zu ergeben. Es mag desshalb gewagt erscheinen, der auf diesem Gebiet bereits sehr beträchtlich angewachsenen Litteratur eine neue Quelle zu öffnen und neben der Ariovist- und Hermannsschlacht nun auch die Alamannenschlacht des Jahres 357 n. Chr. in den Streit der gelehrten Meinungen zu ziehen. Doch lassen sich mancherlei Gründe von Gewicht für die Rechtfertigung eines solchen Versuchs anführen.

Diese Schlacht ist die letzte glänzende Aktion des Römerthums auf Elsässischem Boden, der fortan den Deutschen verfallen erscheint. Zwar brechen die Trümmer desselben am Oberrhein erst im Beginn des fünften Jahrhunderts völlig zusammen, offiziell in der Kanzlei wird die verlorne Rheingrenze sogar noch länger festgehalten ; aber in diesen letzten Jahrzehnten um die Wende des vierten Jahrhunderts fristet die römische Herrschaft nur in den wenigen Städten und Castellen ein ärmliches Dasein.[1]

---

[1] Der Ansicht, welche A. Jahn in seiner Geschichte der Burgundionen I, 292 ff. umständlich entwickelt hat und der von Spätern, soviel ich sehe, nur H. v. Schubert, Die Unterwerfung der Alamannen unter die Franken S. 10 ff. sich angeschlossen hat, dass nämlich erst nach der Mitte des fünften Jahrhunderts, nicht schon zu Beginn desselben die Rheingrenze den Römern für immer verloren gegangen sei, vermag ich nicht beizustimmen. Die bekannte Stelle in dem Briefe des h. Hieronymus aus dem Jahr 409 spricht deutlich genug, am wenigsten kann sie durch Apollinaris Sidonius Carm. VII, 372 widerlegt werden. Das Bild des Alamannen, der stolz auf beiden römischen Ufern des Stroms sitzt, als Bürger rechts des Rheins, als Sieger links, bezeichnet die Lage vortrefflich. Vergl. auch gegen Jahn Meyer v. Knonau, Die alamannischen Denkmäler in der Schweiz i. d. Mittheilungen der antiquar. Gesellschaft in Zürich 1876, XL, 62 ff.

Seit mehr denn fünfzig Jahren, eben seit den Tagen jenes denkwürdigen Kampfes, sitzt auf dem Lande zwischen Rhein und Vogesen der alamannische Bauer und baut die Scholle. Nichts kennzeichnet das unwiderstehliche Vordringen der germanischen Einwanderung mehr, als dass jener gewaltsame Rückstoss fast wirkungslos verpufft, gleichsam nur mit einem letzten Glorienschein den Zusammensturz des Alten übergiesst. Von da ab datirt die deutsche Geschichte des Elsass. Hier scheiden sich zwei grosse Epochen der Vergangenheit unseres Landes.[1]

Würde dies Moment schon völlig ausreichend sein, um jener Schlacht ein allgemeineres Interesse zuzuwenden, so kommt noch hinzu, dass wir über sie und ihren Verlauf ausführliche zeitgenössische Berichte besitzen, Berichte so eingehender Natur wie über keine zweite Kriegsentscheidung von den Tagen des Tacitus bis auf Procop von Cäsarea, d. i. aus einem Zeitraum von mehr als vierhundert Jahren. Sie enthalten ausserdem eine Fülle merkwürdiger Einzelnheiten über den nationalen Verband, über Sitten und Anschauungen unserer Vorfahren, wie über die geänderte Kampfesweise der Römer. Ein Stück der germanischen Wanderung tritt uns aus ihnen in lebendigen Farben vor die Augen.

Zwei nahezu gleichwerthige Berichte liegen uns vor. Der eine stammt aus der Feder eines römischen Offiziers, der selbst unter Julian in Gallien gefochten hat und wohl in der Lage war, genaue Informationen einzuziehen.[2] An der Alamannenschlacht hat Ammianus Marcellinus allerdings nicht Theil genommen, da er sich in jenem Jahre im Orient befand.[3] Aber aus seinen eingehenden, getreuen Angaben geht hervor,

---

[1] Das empfindet schon Schöpflin, Alsatia illustrata I. 401: «pervenimus tandem ad illud tempus, quod novam quasi historiae Alsaticae epocham constituit». Auch v. Schubert a. a. O. S. 8 meint, wolle man ein Datum für eine zweite entscheidende Germanisirung des Elsass, so werde man das Jahr 350 nennen müssen.
[2] Ammianus Marcellinus recens. Gardthausen I, 99 ff. Lib. XVI, 12.
[3] Amm. Marc. Lib. XVI, 10, 21.

dass er dieselben aus sehr zuverlässigen, wohl unterrichteten Quellen, sei es aus offiziellen Schlachtberichten und Feldtagebüchern, sei es aus Erzählungen von Kameraden, die Augenzeugen waren, geschöpft haben muss, als er dreissig Jahre nach den Ereignissen seinen Bericht schrieb.[1] Zeitlich näher steht denselben die Schilderung eines griechischen Rhetors, des Libanios aus Antiochia in Syrien, der in seiner Leichenrede auf Kaiser Julian auch diesen Sieg seines Helden verherrlicht. Etwa elf bis zwölf Jahre nachher niedergezeichnet,[2] enthält diese Darstellung trotz ihrer rhetorischen Färbung so werthvolle Einzelnheiten, deckt sich im Ganzen so trefflich mit der Erzählung Ammians, dass auch ihr die besten Quellen zu Grunde liegen müssen, wohl Mittheilungen Julians selbst, der mit Libanios in reger Correspondenz stand, auch längere Zeit persönlich mit ihm verkehrte. Viel wahrscheinliches hat die Vermuthung für sich, dass Beide, Ammianus Marcellinus wie Libanios die Commentare Julians benutzt haben, die derselbe nach dem Zeugniss eines jüngern Zeitgenossen, des Eunapios von Sardes, über seinen Alamannenfeldzug schrieb[3] und die leider verloren sind.[4] Ist dies der Fall, dann gewinnen beide Schlachtberichte, wie es auf der Hand liegt, nur noch an Werth und die Interpretation wird jedes Wort derselben auf die

---

[1] Vergl. Teuffel, Geschichte der Römischen Literatur S. 1009 Anm. 3.

[2] Vergl. Sievers, Leben des Libanius S. 253.

[3] Vergl. C. Müller, Fragmenta Historicorum Graecorum IV, 16. Heranzuziehen ist auch eine Stelle aus dem λόγος προσφωνητικὸς Ἰουλιανῷ von Libanios s. Reiske I, 412, 20.

[4] H. Hecker hat in seiner Quellenstudie «Zur Geschichte des Kaisers Julianus» (Kreuznacher Gymnasial-Programm 1886) für diese Ansicht zwar nicht den überzeugenden Beweis geliefert, aber sie immerhin sehr wahrscheinlich begründet. In der kritischen Verurtheilung des Libanios geht er meines Erachtens noch viel zu weit. Für die Alamannenschlacht würde auch ohnedem die merkwürdige Uebereinstimmung beider Quellen auf eine gemeinsame Grundlage verweisen, die entsprechender als in den Commentaren Julians selbst allerdings nicht zu finden ist.

Wagschale legen dürfen. In Betracht kommt ferner noch eine Angabe Julians aus seinem im Jahr 360 geschriebenen Brief an die Athener, die namentlich für die Zustände des Rheingebiets vor der Schlacht characteristisch ist.[1] Von spätern Quellen werden nur die um anderthalb Jahrhunderte jüngern Historien des Zosimos, in denen die Tradition zwar bereits vertreten ist, die aber im Allgemeinen auf guten Gewährsmännern beruhen, bezüglich einiger Nebenumstände heranzuziehen sein,[2] alle übrigen sind so dürftig oder unselbständig,[3] dass man sie billig ausser Acht lassen darf.

Schon sehr früh, seit den Zeiten, da man überhaupt begonnen hat, deutsche Geschichte zu schreiben, ist von Verschiedenen, unter mehr oder minder ausreichender Benutzung der Quellen, die Darstellung der Alamannenschlacht versucht worden. Am eingehendsten haben sich mit ihr natürlich die Elsässischen Geschichtsschreiber beschäftigt, voran Laguille, Schöpflin, Grandidier und Strobel,[4] sowie die Biographen Julians, von denen ich hier nur A. Mücke und A. Kellerbauer[5] nennen will. In letzter Zeit hat ihr F. Dahn eine besondere Studie gewidmet, die er separat und in grösserem geschichtlichen Zusammenhang vier bis fünf Mal ohne wesentliche Veränderungen vorgelegt

---

[1] Julianus imp. recens. Hertlein I, 359.

[2] Zosimus e. recogn. Imm. Bekkeri p. 125 u. 126, Lib. III cap. 3. Vergl. Martin, de fontibus Zosimi p. 31.

[3] Vergl. z. B. den noch am selbständigsten arbeitenden Byzantiner Socrates scholasticus in seiner Ἐκκλησιαστικὴ ἱστορία Lib. III cap. 1 und den ihn ausschreibenden Sozomenos Lib. V cap. 2 in Mignes Patrologia graeca 67, 374 u. 1218.

[4] Laguille, Histoire de la province d'Alsace p. 24 u. 25; Schöpflin, Alsatia illustrata I, 402-406; Grandidier, Histoire de la province d'Alsace I, 220-229; Strobel, Vaterländische Geschichte des Elsasses I, 61-67.

[5] A. Mücke, Fl. Cl. Julianus I, 18-24; A. Kellerbauer, Kaiser Julians Leben, S. 38-40 (Separat-Abdruck a. d. IXten Supplementband der Jahrbücher für classische Philologie). H. Schiller in seinem eben erst erschieneuen Band II der Geschichte der Römischen Kaiserzeit hat S. 312 nur wenige Worte für die Alamannenschlacht.

hat.[1] Alle, von Beatus Rhenanus und Cluverius[2] an bis auf
Dahn herunter, trifft der Vorwurf, dass sie die topographischen
Angaben der Quellen entweder fast gänzlich unberücksichtigt
gelassen oder doch nicht genügend verwerthet haben, dass sie
das Gefechtsfeld nicht näher lokalisirt haben. Bei Allen erscheint
in Folge dessen das Bild des Kampfes mehr oder minder unklar
und unverständlich, am unklarsten bei Dahn, der am meisten
veranschaulichen will und Skizzen über die einzelnen Momente
der Schlacht in seine Studie einstreut. Von einer Kenntniss des
Terrains findet sich bei ihm kaum eine leise Andeutung und
so verrückt sich ihm das Bild der Schlacht, auf rein fingirtem
Feld geschlagen, vollständig.[3] Von den frühern Bearbeitern hat

---

[1] Einen zuerst, wenn ich nicht irre, in den Westermann'schen
Monatsheften erschienenen Aufsatz liess F. Dahn separat als Studie
erscheinen: Die Alamannenschlacht bei Strassburg, Braunschweig
1880. Dieselbe ist dem als Schriftsteller auf dem Gebiet der Taktik
hochgeschätzten Generalmajor Verdy du Vernois, jetzt General-
lieutenant und Gouverneur von Strassburg, gewidmet. Dass derselbe das Terrain bei Strassburg genau kenne, durfte Dahn wohl
voraussetzen. Um so unbegreiflicher sind die mit einer dichterischen
Phantasie sonder Gleichen entworfenen Kartenskizzen, welche auf
S. 51 und 73 des Schriftchens eingestreut sind. Diesen Aufsatz
brachte Dahn in der sechsten Reihe seiner Bausteine 1884 S. 31-65
von neuem zum Abdruck, nachdem er vorher schon in der von ihm
besorgten zweiten Auflage der Geschichte der Völkerwanderung von
E. v. Wietersheim I, 468-472, vor allem in seiner Urgeschichte der
germanischen u. romanischen Völker II, 281-296 und in der Deutschen
Geschichte I, 544 ff. seine völlig verfehlte Darstellung der Schlacht
in steter Anlehnung an den Wortlaut der ursprünglichen Studie
wiederholt hatte.

[2] Beati Rhenani Rerum germanicarum libri tres, Basel 1551,
p. 44 u. 176; Philippi Cluverii Germania antiqua, Leyden 1616,
Lib. II p. 43 u. 44.

[3] Dahn kennt, wie aus einem Nachtrag auf S. 64 der Bausteine
VI hervorgeht, meinen in der Gemeindezeitung für Elsass-Lothringen
1881 Nr. 1 u. 2 veröffentlichten Aufsatz. Dies beeinflusst seine Auffassung nur insoweit, dass er das römische Heer auf der Legionen-
strasse von Zabern her d e n K o c h e r s b e r g h i n a b und dann
das Plateau von Hürtigheim d e n K o c h e r s b e r g w i e d e r h i n a u
ziehen lässt! Man sieht, Dahn hat nicht einmal eine Karte zur Hand
genommen.

Cluverius sich für die Gegend bei Drusenheim, Laguille für das Gelände zwischen Mundolsheim und Suffelweiersheim ausgesprochen, Grandidier entschied sich für die Ruprechtsau, während Beatus Rhenanus, dem Schöpflin und Strobel folgten, die Kampfesstätte etwas weiter westlich in die Ebene zwischen dem Hausbergener Höhenzug und dem Rhein verlegen.[1] Ich glaube, dass das Schlachtfeld noch weiter südwestlich angesetzt werden muss. Alle einzelnen Quellenangaben lassen sich dann sämmtlich verwerthen und am richtigen Platze ohne Mühe einfügen, eben die auffallende Uebereinstimmung derselben mit der heutigen topographischen Beschaffenheit jener Gegend spricht am eindringlichsten für die Richtigkeit meiner Annahme. Der einschlagende Punkt, mit dem dieselbe steht und fällt, ist **die Richtung der Römerstrasse von Zabern auf Strassburg.**

Ehe ich indess darauf näher eingehe, müssen einige orientirende Bemerkungen über den Stand der Dinge vor der Schlacht vorausgeschickt werden.

Seit dem Beginn des dritten Jahrhunderts, wo sie zuerst am obern Main erscheinen, waren die Alamannen, ein Stamm von mehreren verschiedenen germanischen Völkerschaften, in unablässigem Vordringen gegen den Süden und Südwesten Deutschlands begriffen. Von ihren alten Sitzen an der Elbe führte sie ihr Wandertrieb über den Main gegen Donau und Rhein. Am Ende des dritten Jahrhunderts waren sie im Besitz des römischen Zehntlandes zwischen Neckar, Donau und Rhein. Wiederholt stiessen sie über beide Grenzflüsse bis tief nach Gallien und Ober-Italien vor, keine Niederlage vermochte ihre unerschöpflich quellende Volkskraft zu hemmen. Und nun rief

---

[1] Alle frühern Bearbeiter haben bei ihrer topographischen Bestimmung nur den einen oder den andern Punkt der Ueberlieferung berücksichtigt. Am eingehendsten von Allen hat Grandidier a. a. O. S. 228 u. 229 die Frage geprüft. Ihn weisen die Nähe des Flusses bei Ammian Marcellin und der Bach des Libanios in die Ruprechtsau. Den Hügel, auf dem der Späherposten der Barbaren stand, findet er in der Höhe von Schiltigheim

der römische Kaiser selbst die Barbaren in das Reich. Gegen die beiden Brüder Magnentius und Decentius, die in Gallien eine selbständige Stellung usurpiren wollten, bot Kaiser Constantius im Jahre 350 die Alamannen auf. Sie kamen, schlugen die Empörer und blieben im Lande. Einen acht Meilen breiten Strich am linken Rheinufer behielten sie in bleibendem Besitz,[1] während einzelne Haufen ihres Kriegsvolks verwüstend bis in das Herz Frankreichs, bis vor Autun, Troyes, Lyon drangen.

In dieser Noth ernannte der Kaiser seinen Vetter Julian zum Cäsar, übertrug ihm den Schutz Galliens und der Rheingrenze. Mit merkwürdiger Energie erfasste der aus dem Schatten der Akademie von Athen, mitten aus dem philosophischen Studium heraus in das Kriegslager berufene Mann seine Aufgabe. Die wirksamste Defensive gegen die Germanen war seit Cäsars Zeiten die Offensive. Mit geringen Streitkräften, überall durch die Rivalität seiner höhern Offiziere gehemmt, durchzog Julian im Laufe des Jahrs 356 Gallien, erschien im Elsass bei Brumath und wandte sich dann an den Niederrhein, wo er das in Trümmern liegende Köln wiederherstellte. Im Winterquartier zu Sens plante er für das folgende Jahr einen vernichtenden Angriff gegen die Alamannen am Oberrhein, gegen die er bisher nur demonstrirend aufgetreten war. Wie im Vorjahre, wo Kaiser Constantius von Rhaetien her vordrang, die Burgunder im Rücken sich regten, so sollte der Feind auch diesmal durch zusammenwirkende Operationen umklammert werden. Während Julian über die Vogesen her das Elsass betreten wollte, sollte der General Barbatio von Basel her die Alamannen in der Flanke fassen.

Julians Pläne fanden indess nicht die wirksame Ausführung, auf die er gerechnet hatte. Kaum entrann er selbst der Gefahr, mitten in seinen Winterquartieren von den schweifenden Barbaren aufgehoben zu werden. Als er dann im Sommer 357 von Rheims her über das durch Verhaue gesperrte Gebirge

---

[1] τριακόσια δὲ ἐπεῖχον τῆς ἠόνος τοῦ Ῥήνου στάδια οἱ πρὸς ἡμᾶς οἰκοῦντες ἔσχατοι Julian recens. Hertlein I, 359.

in die oberrheinische Tiefebene herabstieg, liess sich Barbatio im Oberelsass von den Alamannen angreifen und schlagen.[1] Mit einem schwachen Heer stand Julian jetzt allein dem Feinde gegenüber. Zunächst hatte derselbe sich vor der drohenden doppelten Gefahr auf die Rheininseln zurückgezogen und war dann auch von da verscheucht auf das rechte Stromufer übergegangen. Zu folgen wagte Julian nicht, er beschloss abwartend stehen zu bleiben. Die Mittel zum Unterhalt lieferte ihm das von den Alamannen bestellte Land, ihre Ernte brachte er jetzt ein, durch vorgeschobene, verschanzte Wachtposten gedeckt [2], während er zugleich die Feste Elsass-Zabern, welche die Vogesenpässe und ihm den Rückzug deckte, ausbaute und auf ein Jahr verproviantirte.

Inzwischen erholten sich die Alamannen von ihrem ersten Schrecken. Nachdem Barbatio geschlagen war, strömten die Stammesgenossen in hellen Haufen zusammen, um ihren rechtmässigen Besitz wieder zu gewinnen. Denn so sahen die Germanen ihre Ansiedlung im Elsass an. Den Boten, welche sie an Julian mit der Aufforderung sandten, das Land zu räumen, gaben sie Briefe mit, wahrscheinlich des römischen Kaisers, in denen ihnen das linke Rheinufer überlassen worden zu sein scheint. Bei dieser Concession müssten die Römer bleiben, erklärten sie, oder den Krieg erwarten. Diese Bemerkung des Libanios ist wohl der Beachtung werth.[3] Nicht als räuberische

---

[1] An dem «vallum gallicum», das nach einer ansprechenden Hypothese A. Schrickers an den Eckenbach, in die Gegend von Schlettstadt-Kestenholz und Gemar-Borgheim zu verlegen ist. Vergl. Schrickers «Aelteste Grenzen und Gaue im Elsass» i. d. Strassburger Studien von Martin u. Wiegand II, 317 ff. u. ausserdem Möllers Recension dieses Aufsatzes i. d. Westdeutschen Zeitschrift V, 267.

[2] Amm. Marc. Lib. XVI, 11, 10-14. In den stationes agrariae, welche ein Theil des römischen Heeres vorschiebt, während der andre die Ernte heimbringt, sieht Mone in seiner Urgeschichte des Badischen Landes II, 9 wohl mit Recht ständige Wachtposten, die ihren Ort nicht wechselten, sondern denselben mit Erdwällen verschanzten.

[3] Auch Amm. Marc. (Lib. XVI, 12, 3) berichtet: missis legatis Caesari mandaverunt, ut terris abscederet virtute sibi quaesitis

Eindringlinge, sondern als rechtmässige Besitzer des Elsass betrachteten sich schon um die Mitte des vierten Jahrhunderts die Alamannen und legitime Beweistitel scheinen ihrer Auffassung zur Seite gestanden zu haben. Julian hielt statt aller Antwort die feindlichen Gesandten fest, weil er fürchtete, sie möchten heimgekehrt die Stärke seiner Truppen und den Stand der Befestigungsarbeiten von Zabern verrathen. Nicht ohne Bangen sah er auf die heranschwellende Fluth der Barbaren, der er allein Stand halten sollte. Drei Tage und drei Nächte lang zog das Kriegsvolk der Alamannen über den Rhein und nahm bei Strassburg feste Stellung. Ein längeres Zuwarten von Seiten der Römer konnte den Feind nur verstärken. Weichen konnte Julian nicht, ohne Roms Herrschaft, die Armee und sich selbst aufs Aeusserste zu gefährden. Es widersprach auch seiner Natur: er suchte die Entscheidung, er brach gegen den Feind auf.

Ammianus Marcellinus berichtet, dass die Entfernung vom Orte des Aufbruchs d. i. Zabern bis zum Lager der Barbaren 14 gallische Leugen oder 21000 römische Schritte betragen habe.[1] Es ist dies eine ganz zuverlässige, offizielle Angabe, die römischen Kartenwerken entnommen ist. Das Itinerarium

---

et ferro. Hecker a. a. O. S. 28 sieht mit Unrecht in den Briefen des Kaisers eine böswillige Erfindung des Libanios. Es handelt sich hier nicht um spätere Briefe des Constantius an den Alamannenkönig Vadomarius, wie Hecker anzunehmen scheint, sondern um seine Aufforderung an die Barbaren im Jahre 350, gegen Magnentius und Decentius sich zu erheben. Im ἐπιτάφιος ἐπ᾽ Ἰουλιανῷ sagt Libanios ausdrücklich: Μαγνεντίῳ Κωνστάντιος πολεμῶν, ἀφελομένῳ μὲν ἀλλοτρίαν ἀρχήν, ἄρχοντι δ᾽ αὐτῷ μετὰ φυλακῆς τῶν νόμων, πάντ᾽ ᾤετο δεῖν κινεῖν ἐπὶ τῷ τὸν ἄνδρα ἑλεῖν. καὶ ἀνοίγει δὴ τοῖς βαρβάροις διὰ γραμμάτων τοὺς Ῥωμαίων ὅρους, ἐξεῖναι φήσας αὐτοῖς ὁπόσην δύναιντο κτᾶθαι (Reiske I, 533). Wir haben gar keinen Grund, diese Angabe, der sich Zosimos II, 53 nähert und die namentlich Socrates Scholasticus a. a. O. wiederholt, in Zweifel zu ziehen.

[1] quoniam a loco, unde Romana promota sunt signa, ad usque vallum barbaricum quarta leuga siguabatur et decima id est unum et viginti milia passuum XVI, 12, 8.

Antonini z. B., das Stationsverzeichniss der römischen Heerstrassen, dessen Entstehung in die Zeit Diocletians, 50 Jahre etwa vor unsere Ereignisse gesetzt wird, schätzt den Abstand beider Orte, Strassburg und Zabern, in gleicher Weise auf 14 Leugen.[1] In unser Mass übersetzt betragen dieselben ein wenig über 31 Kilometer.[2] Von Zabern nach Strassburg führten damals zwei Strassen, die eine längere, weniger bekannte im Umweg über Brumath,[3] die andere kürzere, gradere quer über den Kochersberg. Eben diese letztere ist meiner festen Ueberzeugung nach ein Stück der grossen Heerstrasse von Windisch nach Trier, die im Itinerarium Antonini erscheint und dort die Stationsentfernung von Strassburg nach Zabern auf 14 Leugen misst.

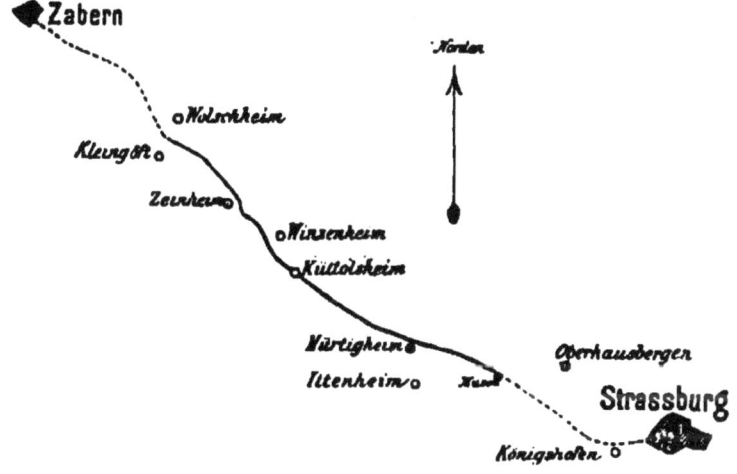

[1] Itinerarium Antonini ed. Parthey et Pinder p. 111. Vergl. dazu Th. Bergk, Zur Geschichte u. Topographie der Rheinlande i. römischer Zeit, S. 145 ff. Die Leugenrechnung scheint im Jahr 202 in Gallien und in den beiden Germanien eingeführt worden zu sein und damit die Rechnung nach milia passuum aufgehört zu haben. Vergl. Zangemeister, Drei obergermanische Meilensteine aus dem 1. Jahrh. i. d. Westdeutschen Zeitschrift III, 237 ff.

[2] Genau berechnet 31,0527 Kilometer.

[3] Vergl. de Morlet, Notice sur les voies romaines du département du Bas-Rhin i. Bulletin de la Société pour la conservation des monuments historiques d'Alsace Vol. IV, 2, 61. Die Strasse lief von Zabern auf dem rechten Ufer der Zorn nach Brumath.

Heute ist von ihr die Hälfte etwa sicher noch festzulegen, das Stück, das zwischen Wolschheim und Kleingöft einsetzt, bei Zeinheim und Winzenheim vorüber durch Küttolsheim über Quatzenheim und Hürtigheim bis zu dem auf der beiliegenden Karte mit der Zahl 170,5 bezeichneten Punkte führt, wo die von Ittenheim kommende grosse Staatschaussée Wasselnheim-Strassburg einmündet. Den Lauf der Strasse von da bis Strassburg und andrerseits von Wolschheim bis Zabern, der für unsre Untersuchung keine dringliche Bedeutung hat, habe ich im Anhang, wo überhaupt alles auf diese Römerstrasse bezügliche, heute noch erreichbare Material zusammengestellt ist, zu ermitteln gesucht, wie ich hoffe, nicht ohne Erfolg. Das oben bezeichnete Stück dagegen, das jetzt zum grossen Theil, von Küttolsheim ab in der Richtung auf Strassburg, noch als Fahrweg benutzt wird, ist als Römerstrasse auf den Karten, in den Flurbüchern der anstossenden Gemeinden und im Munde des Volks bekannt, ausserdem an äusserlichen Merkmalen als solche noch zu erkennen. Nur für diese Strasse durch den Kochersberg, nicht für die über Brumath führende, passt die Angabe des Ammian und des Itinerarium Antonini, die beide wohl nach runden Zahlen rechnen.[1] Sie misst in der That etwas über 32 Kilometer, der Brumather Weg dagegen mindestens 40.

Auf dieser Strasse über Küttolsheim, Hürtigheim setzte Julian sein Heer von Zabern aus in Anmarsch. Denn dass er den geebneten, für marschirende Truppen geeigneten Weg eingeschlagen und mit seiner Armee nicht querfeldein gezogen, leuchtet wohl ohne Weiteres von selbst ein.[2] Ich finde jedoch nicht, dass sich diese Erwägung den frühern Darstellern der Alamannenschlacht aufgedrängt hat,[3] obwohl sie naturgemäss

---

[1] Vergl. Th. Bergk a. a. O. S. 152.
[2] Diese Erwägung macht auch J. Schlumberger, Cäsar und Ariovist S. 110 mit Recht geltend.
[3] Nur Grandidier a. a. O. S. 228 erwähnt nebenbei, dass Julian die Strasse von Zabern über Brumath nach Strassburg werde eingeschlagen haben.

ist und ohne Schwierigkeiten nahezu alle Einzelnheiten der Quellenberichte erklärt. Dahn hat keinerlei klare Vorstellung über die Richtung der römischen Marschroute, wenngleich er wenigstens neuerdings von der alten Verwechslung Rheinzaberns mit Elsass-Zabern, die Cluverius verschuldet hat,[1] zurückgekommen ist. Damit hört natürlich auch die Möglichkeit auf, von dem Verlauf der folgenden Ereignisse sich eine bestimmte Anschauung zu bilden.

Mit Sonnenaufgang, «als die Strahlen der Sonne rötlich schimmerten», wie Ammian erzählt,[2] setzte sich das römische Heer in Bewegung. Dieser Zeitpunkt wird auf fünf Uhr Morgens etwa zu verlegen sein, eine Stunde, in der während der zweiten Hälfte des Monats August die Sonne bei uns aufzugehen pflegt. Nicht einen «langen Sommertag», wie Dahn glaubt,[3] hatte Julian vor sich. Dass nicht in den Juni oder Juli, sondern eben in die zweite Hälfte des August die Alamannenschlacht fallen muss, dafür sprechen mancherlei Gründe.

Zunächst wissen wir, dass Kaiser Constantius in dem Augenblicke, als am Rhein die Entscheidung fiel, gegen die Quaden an der Donau im Felde stand und dass ihn die Gefangenen aus der Alamannenschlacht bereits auf der Rückreise trafen.[4] Da sein Passiren der Stadt Mailand für den Beginn der Monate Juli und November des Jahrs 357 constatirt ist,[5] so dürfte er kaum vor Anfang August auf dem Kriegsschauplatz an der untern Donau erschienen sein. Sodann gebraucht Ammian in seinem Bericht, die Jahreszeit anlangend, wiederholt Ausdrücke, welche nur auf die Hundstagshitze des August bezogen werden

---

[1] Ph. Cluverii Germania antiqua Lib. II p. 45.
[2] solis radiis rutilantibus XVI, 12, 7.
[3] Dahn, Bausteine VI, 61.
[4] Amm. Marc. XVI, 10, 20; Julian ed. Hertlein I, 360.
[5] Nach Datirungen des Codex Theodosianus ed. Haenel. c. 7 de judaeis XVI, 8 ist von Constantius 357 Juli 3 zu Mailand gegeben, ebenso c. 13 de episcopis XVI, 2 am 10. November desselben Jahrs zu Mailand. Vergl. ferner c. 5 de maleficis IX, 16, am 4. December 357 zu Mailand erlassen.

können. Er schildert, wie bei dem heissen Sonnenbrand das Wasser getrocknet und Rheinfuhrten sich gezeigt, wie die Erde vor Hitze förmlich glühte.[1] Notorisch hat der Rhein während des Sommers noch jetzt im August den niedrigsten Wasserstand.[2] Eine anderweitige Bemerkung Ammians, nach der die Feldzüge gegen die Alamannen gewöhnlich ihren Anfang im Juli nahmen,[3] würde uns mit der Ansetzung der Schlacht ebenfalls ungefähr in den August verweisen. Auch die unlängst von H. Nissen gemachte Beobachtung, dass die Ernte im Alterthum einen Monat später als heut begann,[4] dürfte Verwendung finden, wenn wir dieselbe auch für unser Klima gelten lassen wollen. Ammians und des Libanios Erzählung versetzen uns mitten in die Erntezeit.[5] Vor Mitte Juli beginnt dieselbe heutzutage nicht; wir würden also auch hier, immer vorausgesetzt, dass die zunächst für die Mittelmeerländer der antiken Zeit gewonnenen Resultate auch das alte Germanien mit einbegreifen, auf die zweite Hälfte des August kommen. Die Schlacht fand statt, wie aus Ammian hervorgeht, bei abnehmendem Mond.[6] Da nun aus chronologischen und astronomischen Berechnungen festgestellt werden kann, dass im Jahr 357 Vollmond auf den 16. August fiel,[7] so würde, selbst wenn ein Irrthum von einigen Tagen bei dieser Berechnung mit untergelaufen sein

---

[1] doctus aestate jam torrida fluvium vado posse transiri XVI, 11, 9; terrae protinus aestu flagrantes nullis aquarum subsidiis fultae XVI, 12, 11.

[2] Vergl. Grebenau, Resultate der Pegelbeobachtungen an Rhein u. Mosel von 1807-1872 in Heft 3 der Statistischen Mittheilungen über Elsass-Lothringen S. 9 u. 10.

[3] Amm. Marc. XVII, 8, 1.

[4] Vgl. H. Nissen, Italische Landeskunde I, 399 ff.

[5] Amm. Marc. XVI, 11, 11; 12, 19; ἐνεπίμπλη πυρῶν — ἀπὸ τῶν ἐκεῖ οἷς εἰργασμένων ληίων bei Libanios.

[6] nox senescente luna nullis sideribus adjuvanda XVI, 12, 11.

[7] Nach einer an der Strassburger Sternwarte angestellten Berechnung fiel Vollmond auf den 16. August 9 Uhr, vergl. Nissen a. a. O. S. 400 Anm. 2.

sollte, schliesslich auch dies Argument mit Nothwendigkeit auf die zweite Hälfte des Monats August führen. Unsere Zeitbestimmung der Schlacht dürfte demnach kaum ernsten Bedenken unterliegen.

Das Vorrücken des römischen Heers, das 13000 Mann stark war, ging, wie Ammian hervorhebt, langsam von Statten.[1] Aller Wahrscheinlichkeit nach waren die Legionen in gefechtsbereiter Marschordnung, die naturgemäss kein schnelles Tempo zulässt. Die Soldaten führten wohl den von Julian gesammelten Proviant für zwanzig Tage bei sich.[2] Zur Seite des Fussvolks marschirte die Kavallerie, die Panzerreiter und die berittenen Bogenschützen, hinter den Truppencolonnen das Armeegepäck.[3] Eine Vorhut war bereits auf dem Wege voraus.[4]

Nach einer in den Quellenberichten nicht näher bestimmten Zeit machte Julian mit dem Heere Halt. Es mochte etwa zehn Uhr Morgens sein, bereits neigte sich der Tag zum Mittag, wie Ammian erzählt.[5] Heiss brannte die Augustsonne hernieder. Schon desshalb war es geboten, den Truppen eine kurze Rast zu gönnen. Aber Julian gedachte den Marsch an diesem Tage überhaupt nicht weiter fortzusetzen, weil er fürchtete, seine Leute würden von der Hitze und den Anstrengungen des Weges gänzlich erschöpft an den Feind kommen. Es schien ihm gerathener, hier unter dem Schirm von Wall und Graben den Tag über zu lagern und am nächsten Morgen die Armee frisch und ausgeruht gegen die Barbaren zu führen.[6] Vielleicht hoffte er auch, dass diese sich selbst in Bewegung setzen und ihn im Lager angreifen würden. Allerdings wäre es vortheilhafter für die Römer gewesen, hier unweit der Festung Zabern mit einer sichern Rückendeckung zu schlagen als tiefer in der

---

[1] pedestres copiae lentis incessibus educuntur XVI, 12, 7; 12, 2.
[2] Amm. Marc. XVI, 11, 12.
[3] Amm. Marc. XVI, 12, 7.
[4] praecursatoribus jam antegressis XVI, 12, 7.
[5] jam dies in meridiem vergit XVI, 12, 11.
[6] Amm. Marc. XVI, 12, 11 u. 12.

Ebene, etwa an den Ufern des Rheins. Als Julian indess die Vorhut zurückrief und diese seine Absicht den Truppen kundgab, zeigte es sich, dass ihre Stimmung eine andere war als die des Feldherrn. Laut und stürmisch verlangten sie weiter zu marschiren; ihnen schien der Sieg über einen Feind, der in diesem Feldzug bisher nirgends Stand gehalten hatte, unzweifelhaft gewiss. Als auch die höhern Offiziere mahnten, diesen Kampfeseifer nicht verkühlen zu lassen, als die Soldaten, voran ein Fahnenträger, wiederholt ihr unbedingtes Vertrauen betheuerten, dass sie unter der Führung und unter den Augen des Cäsars Alles wagen und den Sieg gewinnen würden und müssten, gab Julian nach.[1] Das Heer setzte sich von Neuem in Bewegung.

Wohin wird diese Scene zu verlegen sein? Die Beschaffenheit des Terrains gibt meines Erachtens nach dafür ziemlich sichern Aufschluss. Kommen wir auf der Römerstrasse von Zabern nach Strassburg, so erreicht der Weg, der zuerst Berg und Thal in stetem raschen Wechsel überschritten hat, etwa zwei Kilometer vor Küttolsheim ein hochgelegenes Plateau, an dessen östlichem Fuss sich heute die Dörfer Willgottheim und Winzenheim entlang ziehen. Von hier aus senkt sich die Strasse, eingeschnitten an der nördlichen Wand einer Thalmulde, nach Küttolsheim hinab ins Quellgebiet der Suffel. Wir treten aus den Vorbergen der Vogesen in ein vorgelagertes, niedriges Hügelland, dessen äussersten Rand gegen die Rheinebene hin der Hausbergener Höhenzug bildet. Von Zabern bis zu jenem Strassenabstieg oberhalb Küttolsheim sind nahezu 16 Kilometer, welche die römischen Marschcolonnen bei ihrem langsamen Tempo in etwa fünf Stunden zurücklegen konnten.[2] Hier bot

---

[1] Amm. Marc. XVI, 12, 9-18. Libanios berichtet von der Wirkung der Rede Julians auf die Soldaten: τοῖς δὲ ἄραρ πόλεμος γλυκίων γένετ' ἢ πρότερον τὸ μηδὲν ποιεῖν.

[2] Vegetius Epitoma rei militaris I, 9 giebt einige Mittheilungen über Marschleistungen des römischen Fussvolks. Darnach legt dasselbe 20 Milien, ungefähr 30 Kilometer, horis quinque aestivis d. h. in 6 1/2 unsrer Stunden militari gradu zurück; im Laufschritt müssen

sich für Julian die letzte Gelegenheit, sein Lager aufzuschlagen und die Schlacht zu erwarten; noch war sein Vormarsch verdeckt geblieben. Rückten aber seine Truppen gegen Küttolsheim hinab und über dasselbe hinaus, so wurden sie auf der Stelle meilenweit sichtbar und ein Kampf wurde unvermeidlich. Wenn irgendwo auf dem ganzen Weg, so war hier an dieser Terrainscheide ein Halteplatz, eventuell eine Lagerstätte für die römische Armee von der Natur bezeichnet. Das Plateau von Winzenheim, nach allen Seiten abfallend, von keinem höher gelegenen Punkte einzusehen, in der Nähe von Quellwasser, entspricht in ausgezeichneter Weise allen Rücksichten, welche die Römer bei der Absteckung eines Lagers zu beobachten pflegten.[1] Auch die oben erwähnte Angabe Ammians steht demnach im Einklang. Es mochte sich wohl der Tag zum Mittag neigen, als Julian nach fünfstündigem Marsch diesen Punkt erreicht hatte.

Mit dem Augenblick, als er seinen Entschluss änderte und seine Colonnen die Strasse gegen Küttolsheim hinabsteigen liess, war das Loos des Tages geworfen. Mochte das römische Heer von jenem Plateau immerhin schon, wie es nach Ammian scheint, den Feind erblickt haben[2] — in der That übersieht man von dort das ganze hügelige Vorland bis zu den Hausbergen — oder nur ein Theil desselben, die Vorhut, welche wohl schon über Küttolsheim hinaus gegangen sein mochte, als Julian sie zurückrief, jetzt erst wurde die im Anmarsch

---

in derselben Zeit 24 Milien bewältigt werden. Es wird dabei zu beachten sein, dass Vegetius von Normalleistungen spricht, zu denen der Rekrut herangebildet werden soll. Nach einer freundlichen Mittheilung des Hrn. Dr. Soltau in Zabern leistet auch das Heer Hannibals ungefähr das Gleiche, es legt an der Rhone in 4 Tagen 112 Kilometer zurück. Auch zu Cäsars Zeit bilden 29-30 Kilometer einen Tagesmarsch für den mit Gepäck beladenen Legionär, vergl. Rüstow, Heerwesen und Kriegsführung Caesars S. 92. In unserm Falle würden bei gewöhnlichem Tempo ohne Aufenthalt die Legionen von 5-10 Uhr 23 Kilometer zurückgelegt haben, die daran restirenden 7 darf man auf Rechnung des verlangsamten Marsches setzen.

[1] Vergl. Vegetius III, 8.
[2] in hostem se duci jam conspicuum exorabant XVI, 12, 13.

befindliche Armee auch den Alamannen sichtbar, der Zusammenstoss war fortan unabwendbar.

Auf einem sanft ansteigenden, mit reifem Getreide bedeckten Hügel, den Ammian als nicht zu weit von den Ufern des Rheins gelegen bezeichnet,[1] stand ein Späherposten der Barbaren. Dieser Hügel ist die Höhe von Hürtigheim, von der man die in weiter Senkung laufende, dann ansteigende Strasse nach Zabern über Quatzenheim bis Küttolsheim in einer Länge von etwa einer Meile deutlich überschaut. Es war eine vortrefflich gewählte Aufstellung. Noch heute würde ein Reiteroffizier, der hier auf Vorposten steht, seine Vedetten auf jene Höhe vorschieben und seine Feldwache dahinter in das Thal des Musaubaches legen. Kein grösserer Trupp von Zabern kommend kann Küttolsheim erreichen, ohne hier bemerkt zu werden.

Die Späher flogen zurück, den Feind zu melden, nur ein Mann zu Fuss, der nicht rasch genug war, fiel in die Hände der Römer. Von ihm vernahmen sie Näheres über den Rheinübergang der Alamannen.[2] Und schon sahen sie das gesammte Kriegsvolk derselben sich gegenüber, wie es in Keile sich zusammendrängend die Schlachtreihe formirte.[3]

So rasch geht es in Ammians Bericht vorwärts. Die Wirklichkeit war langsamer. Vergegenwärtigen wir uns die Lage.

Das römische Heer war nach kurzem Halt das Plateau von Winzenheim herabgestiegen, über Küttolsheim, Quatzenheim gegen die Höhe von Hürtigheim vorgegangen und stand jetzt da, wo kurz vorher der alamannische Posten aufgestellt gewesen. Es hatte damit zu jenen schon zurückgelegten 16 Kilometern noch weitere 8 hinzugefügt. Berechnen wir die Zeit der Rast auf ein bis zwei Stunden, den Weitermarsch auf etwa zwei

---

[1] exercitus prope collem advenit molliter editum, opertum segetibus jam maturis, a superciliis Rheni haut longo intervallo distantem XVI, 12, 19. Die Entfernung von hier bis zum Rheinufer beträgt heute etwa 14 Kilometer, damals etwa 10-11.

[2] Amm. Marc. XVI, 12, 19.

[3] quos cum jam prope densantes semet in cuneos nostrorum conspexere ductores XVI, 12, 20.

Stunden, so mochte es gegen zwei Uhr Mittags sein, als die Armee vor der feindlichen Aufstellung ankam. Wo ist dieselbe nun zu suchen und damit das Schlachtfeld des Tages? Von der Hürtigheimer Höhe senkt sich der Weg wieder in ein schmal eingeschnittenes Thal, das der unbedeutende Musaubach durchfliesst, überschreitet dasselbe in einer etwa 50 Schritt langen Aufschüttung, steigt in einem ungefähr 300 Schritt langen Einschnitt auf den letzten Saum des oben beschriebenen Vorlandes, der hier etwa einen Kilometer breit ist, und fällt schliesslich allmählich in die Rheinebene ab. Auf diesem Hügelrand stossen die Römerstrasse und die grosse von Ittenheim kommende Chaussée bei dem mit der Zahl 170,5 auf der Karte bezeichneten Punkte, wie schon bemerkt, zusammen. Hier steht kurz vor der Senkung in die Ebene heute der Kilometerstein 37.

Hier auf der Höhe, zu beiden Seiten der Römerstrasse, nach Ittenheim wie nach Oberhausbergen zu entwickelt standen die Schlachthaufen der Alamannen.

An und westlich der Strasse weithin sichtbar der linke Flügel, vor Allem die Reiterei. Beide Quellenberichte heben dies gleichmässig hervor. Von Ueberläufern sollen die Barbaren erfahren haben, dass die römische Kavallerie sich auf dem rechten Flügel befände, und dementsprechend die gleiche Waffe ihr gegenübergestellt haben.[1] In der That ist hier auch längs der Ittenheimer Chaussée, wo die Höhe sich allmählich abflacht, ein sehr geeignetes Feld für ihr Eingreifen. Weiter bemerken sowohl Ammian wie Libanios, dass der rechte Flügel der Alamannen sich in verdeckter, durch Gräben geschützter Aufstellung befunden habe,[2] und Libanios bezeichnet dieselbe

---

[1] Amm. Marc. XVI, 12, 21. Libanios: ἐδόκει δεῖν κέρας μὲν ἑκάτερον τοὺς ἱππέας ἔχειν; τοῖς βαρβάροις δὲ πάντα πεπυσμένοις τὸ μὲν ἀνδρειότερον τῆς στρατιᾶς πρὸς τὸ κρεῖττον ἀντετέτακτο.

[2] hoc itaque disposito dextrum sui latus struxere clandestinis insidiis et obscuris XVI, 12, 23, 58.

näher als einen Hinterhalt, der an einem sumpfigen, dicht von Schilf[1] bewachsenen Orte, «unter einer hochliegenden Wasserrinne» gelegt worden sei. Eine Angabe von merkwürdiger Bestimmtheit, die nur von einem Augenzeugen stammen kann und die seltsamerweise Niemand bisher recht beachtet hat. Fast alle Darsteller der Alamannenschlacht haben darunter, dem Wortlaut ganz entgegengesetzt, einen Bachgrund verstanden.[2] Libanios aber meint damit nichts Anderes als die römische Wasserleitung der Stadt Strassburg.[3] Dieselbe nahm nach den Untersuchungen von Schweighäuser und de Morlet von Küttolsheim und der Suffelquelle her ihren Anfang, lief südlich längs der Römerstrasse, durchsetzte dieselbe drei Kilometer hinter Hürtigheim, ging an dem nördlichen Abhang des vom Musaubach durchflossenen Thales entlang, überschritt dasselbe in der Richtung auf Oberhausbergen und zog von hier aus in der Ebene direct nach Strassburg.[4] Nach den bisher gemachten Funden kann es keinem Zweifel unterliegen, dass diese Leitung im Allgemeinen unterirdisch geführt war; den Einschnitt des Musaubaches aber kann sie kaum anders als vermittelst eines über der Erde gebauten Aquäducts überwunden haben. Das ist die «hochliegende Wasserrinne» des Libanios. Grade an

---

[1] Bei Libanios: τῷ δεξιῷ δὲ κέρα σύμμαχον ἔδωκεν λόχον, ὃν ἔκρυψεν ὑπ' ὀχετῷ μετεώρῳ, καλάμων πυκνῶν (καὶ γὰρ ἦν ὑδρηλὸν τὸ χωρίον) τοὺς καθημένους ἀρπαζόντων.

[2] So Schöpflin, Grandidier, Wietersheim, Dahn.

[3] Die ursprüngliche Bedeutung von ὀχετός ist die eines künstlichen und nicht eines natürlichen Grabens. Vergl. die Beispiele in Stephanus, Thesaurus graecae linguae V, 2467. Grade für Wasserleitungen gebraucht Dio Cassius zweimal das Wort ὀχετός. Vergl. Hist. Rom. ed. Dindorf II, 73 u. 383 Lib. XLII cap. 38 u. Lib. XLIX cap. 42.

[4] Vergl. de Morlet, Notice sur les anciens aqueducs de Strasbourg, 1860 u. Topographie der Stadt Strassburg red. v. Krieger S. 192. Schweighäuser, dessen Manuscripte leider auf der Stadtbibliothek 1870 verbrannt sind, ist der einzige gewesen, der die Stelle bei Libanios auf die Wasserleitung zu beziehen versucht hat, wie es scheint, nur mit grossem Bedenken.

dieser Stelle, unweit des auf der Karte mit der Zahl 154 bezeichneten Punktes, muss der Hinterhalt der Alamannen gesucht werden. Die sumpfige von Schilf bewachsene Niederung ist das Thal des Musaubaches selbst, das sich hier ein wenig verbreitert. Der Sumpf ist natürlich heute nach einer Bodenkulturarbeit von fünfzehnhundert Jahren verschwunden, aber in dem Bild jener Tage nahezu selbstverständlich.[1] Ob nun die Alamannen beabsichtigten, die gegen sie anrückenden Römer plötzlich aufspringend zu überraschen oder liegen zu bleiben und die längs der Strasse vorgehenden Colonnen später im Rücken und in der Flanke zu fassen, mag dahingestellt bleiben.[2] Jedenfalls war dieser Theil der feindlichen Aufstellung den Blicken Julians zunächst entzogen, während er gegenüber an und über der Strasse den linken Flügel der Alamannen in klar erkennbarer Formation auf zwei- bis dreitausend Schritte vor sich sah. Stehen wir heute, wie einst Julian, auf der Höhe von Hürtigheim, etwa da, wo jetzt links in die Römerstrasse der vom Triangulationspunkt 177, 5 kommende Feldweg einmündet, verfolgen mit den Augen die hinabsteigende Strasse, das Thal des Musaubaches unten vor uns, das sich nach links verliert, und lassen schliesslich unsre Blicke auf den jenseitigen Höhen, dem Randplateau ruhen, so entrollt sich dem kundigen Beschauer die Aufstellung der Alamannen fast von selbst.

Wenn irgendwo, so darf hier die constructive Phantasie des Historikers eingreifen und hat ihr Recht. Die Quellen wissen kaum Etwas von jenem Höhenrand, heben nur den Unterschied in der Postirung der beiden alamannischen Heerflügel hervor und lassen mit Ausnahme der einen bestimmten Angabe des Libanios im Uebrigen die Localität fast vollständig

---

[1] Es ist bekannt, wie oft schon nach einem Jahrhundert die Terrainverhältnisse bis zur Unkenntlichkeit sich verändern. Ich erinnere z. B. an das Schlachtfeld von Chotusitz und die abgelassenen Czirkwitzer Teiche. Vergl. Droysen, Zur Schlacht von Chotusitz i. d. Abhandlungen der Berliner Akademie von 1872 S. 157.

[2] Nach Ammian war beabsichtigt, ut abditi repente exorti cuncta turbarent XVI, 12, 27.

im Dunkeln. Aber sie berichten auch Nichts von der Marschroute Julians, vielleicht weil sie dieselbe selbstverständlich als bekannt voraussetzen, und doch erstand uns, indem wir sie aus eigener Combination auf die Römerstrasse verlegten, allmählich eine klare Anschauung von dem bisherigen Verlauf des Tages, mit der jede Einzelnheit der beiden Originalberichte unschwer in Einklang zu bringen war. Den genau sich einfügenden Schluss bildet meine Hypothese über die Alamannenaufstellung, wie ich sie eben entwickelt habe.

Auch andre Möglichkeiten sind von mir beachtet und geprüft worden. Ich fand keine, die in gleicher Weise der topographischen Beschaffenheit und den Thatsachen der Ueberlieferung Rechnung trägt. Weder die gang und gäbe Vorstellung, dass die Deutschen in der Rheinebene, den Höhenzug vor sich, gestanden und von dort den Angriff der Römer erwartet hätten, noch die Annahme von einer flankirenden Stellung der Alamannen zur Heerstrasse erfüllen diese Bedingung. Sie widersprechen ausserdem im gegebenen Falle allen Grundelementen der Kriegsführung, die den Germanen abzustreiten, nach Allem was wir wissen, wir in keinerlei Weise das Recht haben. Sie hätten ein für ihre Kampfesweise wie geschaffenes durchschnittenes Gelände dicht vor ihnen nicht benutzt, dagegen, einen breiten Flusslauf hart im Rücken, den Römern die diesen am meisten erwünschte Position des Angriffs von der Höhe herab freiwillig überlassen. Andrerseits liegt es wohl auf der Hand, dass sie sich eine Stellung wählen mussten, durch welche sie die Strasse sperrten. Ob sie dieselbe schon vor dem Entscheidungstage eingenommen, oder selbst im Marsch erst auf die Kunde von dem Anrücken der Römer rasch besetzt haben, lässt sich nach den Quellenberichten nicht ermitteln, die Wahrscheinlichkeit und eine Wendung Ammians[1] sprechen für den letztern Fall. Von vornherein schliesst unsre Auffassung gänzlich aus den Terrainabschnitt nordöstlich der Strasse von Oberhausbergen nach Stützheim,

---

[1] et pari cautela hostes stetere cuneati XVI, 12, 20.

d. h. die eigentlichen Hausberge, welche heute von den Festen Kronprinz und Grossherzog von Baden gekrönt sind, weil sie viel zu weitab von der römischen Anmarschlinie liegen. **Das von der elsässischen Geschichtsschreibung bisher in die Ebene östlich dieses Höhenzugs verlegte Schlachtfeld ist also, wie wir sehen, in der südwestlichen Fortsetzung der Hausberge zu suchen.**

Schliesslich möchte noch ein moderner Taktiker einwenden, wie es möglich gewesen, eine Heeresmasse von 35 000 Mann — so stark waren nach Ammian die Alamannen — auf einem Raum von kaum drei Kilometer Länge und einem Kilometer Breite entwickelungsfähig aufzustellen und ins Rollen zu bringen. Bei der jetzigen Linienformation in mehreren Treffen würde dies allerdings unmöglich sein und schon ein Drittel jener Zahl würde schwer Platz finden; doch darf ich wohl daran erinnern, dass auch die neuere Kriegsgeschichte ausserordentlich tiefe Defensivstellungen von sehr geringer Frontbreite kennt, wie z. B. die Formation der Russen in den Schlachten von Zorndorf und Eilau.[1] Indess die Keilordnung, wie sie alle germanischen Völker, zuletzt noch die Angelsachsen gegen die normannischen Eroberer in der Schlacht von Senlac anwandten,[2] gestattete ganz andere Massenverwendungen auf engem Raume.

---

[1] Bei Zorndorf hatte die Stellung der Russen vom rechten zum linken Flügel eine Ausdehnung von kaum 3400 Schritten, auf jeden Schritt der Stirnseitenlänge kamen in der Tiefe nicht weniger als vierzehn Mann. Nur bei Eilau war diese enorme taktische Tiefe noch überboten. Vergl. Th. v. Bernhardi, Friedrich der Grosse als Feldherr I, 264. Es war mir von Werth, dass ein so competenter Beurtheiler und Kenner des Terrains, wie Herr Oberst Gaertig, Commandeur des Feld-Artillerie-Regiments Nr. 31 zu Hagenau, vom taktischen Gesichtspunkte aus meine Annahmen vollständig billigte.

[2] Nach dem Zeugniss des William von Malmesbury, De regum gestis Anglorum Lib. III, 244 und des Wilhelm von Poitiers i. d. Historiae Normannorum scriptores antiqui ed. Duchesne p. 201 ff. Vergl. E. Freeman, The History of the Norman Conquest of England III, 471 ff.

Ueber die Stärke und specielle Gliederung der Keilcolonne sind uns sichere Nachrichten allerdings erst aus den spätern Zeiten ihrer Anwendung, aus der Karolingischen Epoche überliefert; allein es kann kein Zweifel obwalten, dass mit der ganzen taktischen Form auch die specielle Gliederung in der Hauptsache unverändert aus den Urzeiten übernommen worden ist. Aus den Aufzeichnungen eines dänischen Schriftstellers des zwölften Jahrhunderts, des Saxo Grammaticus, lernen wir sie im Einzelnen kennen, nur die Grundzüge seien hier gegeben.[1] Demnach standen die Colonnen in der Tiefe von 20 Mann mit keilförmiger Spitze nebeneinander, die äussersten Spitzen der Keile aus zwei Mann bestehend, dann in arithmetischer Progression in jeder folgenden Reihe um einen Mann zunehmend, bis die Flügelrotten der Keile im zehnten Glied zusammenstiessen. Die mittlern Colonnen pflegten mit tieferen Keilen ein wenig vor den Flankencolonnen vorzuspringen. Dahinter standen dichte Haufen ohne bestimmte Gliederung, um den Colonnen noch grössere Wucht des Druckes zu verleihen, und schliesslich liefen nach rückwärts zur Deckung einzelne Keile in geringerer Stärke aus. Man sieht, es ist eine Aufstellung von sehr bedeutender Tiefe, die es ermöglicht, auf der Grundlinie eines Kilometers etwa 20000 Mann in Bewegung zu setzen: eine taktische Formation von ungeheurer Stosskraft, aber von sehr geringer Beweglichkeit.[2]

Die Entscheidung der Schlacht musste offenbar auf dem linken Flügel der deutschen Position fallen, er sperrte die römische Heerstrasse und deckte den Weg zum Rheine; der rechte hatte mehr subsidiären Zweck, er war bestimmt den Feind zu überraschen, festzuhalten, zu beschäftigen. Dementsprechend befehligte am bedrohten Punkte Chnodomar, der bedeutendste der sieben alamannischen Stammeskönige, die zu

---

[1] Saxonis Grammatici Gesta Danorum ed. A. Holder p. 248 Liber VII.

[2] Vergl. die vortrefflichen Ausführungen von v. Peucker, Das deutsche Kriegswesen der Urzeiten II, 206 ff. u. 235 ff.

diesem Feldzuge ihre Völkerschaften vereinigt hatten, eine gewaltige, alle Blicke auf sich ziehende Erscheinung, auf dem rechten Flügel sein Neffe Serapio, zwar noch ein Flaumbart, aber kraftvoll über seine Jahre.[1] Demgemäss entwickelte sich auch der Verlauf der Dinge, der aus beiden Quellenberichten unschwer zu erkennen ist. Nur muss man darauf verzichten, die einzelnen Phasen und Scenen der Schlacht nach dem Berichte Ammians scharf von einander scheiden zu wollen. Denn derselbe ist gerade hier trotz aller Ausführlichkeit einseitig, lückenhaft und theilweise unklar, wie dies zu allen Zeiten Gefechtsschilderungen gewesen sind, die auf die Beobachtungen von Kämpfenden selbst zurückgehen. Die wirklich entscheidenden Momente treten dagegen bestimmt hervor.

Die römischen Legionen hatten, als sie die Keile der Alamannen sich gegenüber erblickten, Halt gemacht. Nach ihrer uralten Treffengliederung standen die hastati im ersten, die antepilani im zweiten, die primi ordines, die alten Triarier, im dritten Treffen.[2] Man darf wohl annehmen, dass sie den letzten Theil des Wegs nicht in Marschcolonnen, sondern bereits in Schlachtordnung zurückgelegt hatten. Julian liess auf der Höhe bei Hürtigheim das Armeegepäck stehen.[3] Gegen den linken feindlichen Flügel formirte er die Reiterei und einen Theil des Fussvolks, den andern Theil desselben liess er unter dem General Severus sich gegen den verborgen gehaltenen rechten Flügel der Alamannen entwickeln.[4] Er griff also sofort die ganze feindliche Front an und brachte dementsprechend auch den grössern Theil seines Heeres alsbald ins Gefecht.[5]

---

[1] Amm. Marc. XVI, 12, 23-25.
[2] steterunt vestigiis fixis, antepilanis hastatisque et ordinum primis velut insolubili muro fundatis XVI, 12, 20. Ich schliesse mich der Deutung dieser Stelle an, die ihr bei Marquardt, Römische Staatsverwaltung II, 372 Anm. 1 gegeben ist.
[3] Das darf aus dem Passus bei Libanios gefolgert werden: οἱ τῶν σκευοφόρων τῶν ἐν τῇ κορυφῇ φύλακες.
[4] Amm. Marc. XVI, 12, 27.
[5] majorem exercitus partem primae barbarorum opposuit fronti XVI, 12, 34.

Nach Ammian stutzten die unter Severus vorgehenden Truppen, deren Marsch wir uns nördlich der Römerstrasse etwa in der Richtung der Punkte 177,5 und 180,2 auf der Karte zu denken haben, zunächst vor den vorliegenden Hindernissen, den Gräben, und dem feindlichen Hinterhalt, dessen Stärke wohl nicht ganz zu übersehen war. Es bedurfte des unerschrockenen Hinzureitens und der ermunternden Ansprache Julians, um sie wieder vorwärts zu bringen.[1] Sie gewannen dann hier Schritt für Schritt Terrain und drängten den Feind unaufhaltsam die hinter ihm liegende Höhe hinauf[2] und jenseits wieder hinab nach Oberhausbergen zu. Bei Libanios sehen wir den rechten Flügel der Alamannen nicht im langsamen Weichen, sondern im raschen Aufrollen;[3] jedenfalls sind beide Berichterstatter darin einig, dass sich hier der Sieg bald entschieden den Römern zuneigte.

Ungünstig dagegen war nach ihrer ebenfalls übereinstimmenden Darstellung der Stand der Dinge auf dem rechten römischen Flügel.[4] Hier, fühlte Jedermann, musste die Entscheidung fallen. Darum rief vor Beginn des Kampfes das alamannische Volk, unter dem sich viele Geworbene fanden,[5] unwillig den Fürsten zu, vom Pferde zu steigen, damit es nicht in der Noth von ihnen verlassen werde. Chnodomar that es

---

[1] Amm. Marc. XVI, 12, 27-33. Aus den Worten: « et quoniam adloqui pariter omnes nec longitudo spatiorum extenta nec in unum coactae multitudinis permitteret crebritas » wird man schliessen dürfen, dass Severus mit seinem Angriff auf den rechten feindlichen Flügel weit ausholte.

[2] cum cornu sinistrum altius gradiens urgentium tot agmina Germanorum vi nimia pepulisset XVI, 12, 37.

[3] Libanios: ἅμα βοῇ ὁρμήσαντες τοὺς μὲν ἀναστήσαντες ἐδίωκον etc.

[4] Amm. Marc. XVI, 12, 37 ff. Libanios: ἐπιέζετο τὸ περὶ τὸν βασιλέα Ῥωμαίων δεξιόν. Zum Vergleich zieht er die Schlacht von Korkyra heran. Vergl. Thucydides I, 49. Ich kann nicht mit Hecker a. a. O. S. 31 finden, dass Libanios hier beschönigt.

[5] ex variis nationibus partim mercede partim pacto vicissitudinis reddendae quaesita Amm. Marc. XVI, 12, 26.

ohne Besinnen, die andern Könige folgten.[1] Zunächst warf sich die germanische Reiterei auf die römische. War die erstere schon durch die Schneidigkeit ihres Anritts überlegen, so wurde sie durch ihre Verbindung mit leichtem Fussvolk, das die Panzerreiter von unten von den Pferden stach, im Handgemenge noch furchtbarer.[2] Allgemeiner Schrecken ergriff die Reihen der letztern, als sie ihren Oberst stürzen sahen : sie wandten sich zur Flucht.[3] Da warf sich ihnen Julian entgegen, der inzwischen vom linken Flügel wieder herbeigeeilt war, und brachte sie mühsam zum Stehen ; aber sie waren so erschüttert, dass sie wohl zurückgeführt werden mussten. Im Gegensatz zu Ammian berichtet Zosimos, dass sie an der Schlacht nicht mehr theilgenommen hätten.[4] Dieser einleitende Kavalleriekampf wird an die Ittenheimer Strasse und an den nördlich derselben leicht passirbaren Musaubach zu verlegen sein, wo,

---

[1] Amm. Marc. XVI, 12, 34 u. 35.
[2] Amm. Marc. XVI, 12, 21 u. 22, 36 u. 37. Vergl. v. Peucker a. a. O. II, 230 ff. u. 281 ff.
[3] Amm. Marc. XVI, 12, 37 u. 38. Libanios: καὶ οὐδὲ — ὁ νόμος ἐσώζετο. ὡς δ' ἐνέκλιναν u. s. w.
[4] Amm. Marc. XVI, 12, 38-41. Er wie Libanios berichten übereinstimmend, dass Julian die fliehende Reiterei wieder zum Stehen gebracht habe durch die Macht seines Worts und seines Beispiels. Immerhin wird es wohl gegangen sein, wie es noch jeder geworfenen Kavallerie gegangen ist, dass sie für lange Zeit gefechtsunfähig blieb. Zosimos allein erzählt : ἦν ἐξακοσίων ἱππέων ἴλη, τῷ Καίσαρι, σφόδρα τὰ πολέμια γεγυμνασμένων — οὗτοι μένοι πρὸς φυγὴν τραπόντες τὰς τάξεις ἀπέλιπον, ὥστε καὶ αὐτὸν τὸν Καίσαρα σὺν ὀλίγοις ἐπελίσαντα καλεῖν τε αὐτοὺς καὶ κοινωνεῖν τῆς νίκης παρακελεύεσθαι, τοὺς δὲ μηδὲ οὕτω μετασχεῖν ἐθελῆσαι τῆς μάχης Lib. III cap. 3. Ich lasse es dahin gestellt, woher Zosimus die Stärkeangabe von 600 Reitern hat — an ein einfaches Multiplicationsexempel ohne Sinn mag ich mit Hecker S. 18 nicht glauben — aber seine Angabe scheint mir den thatsächlichen Verhältnissen mehr zu entsprechen als die Behauptung von Ammian und Libanios. Dieser (Reiske I, 544) wie Zosimos wissen dann noch von einer Bestrafung der flüchtigen Reiter nach der Schlacht zu berichten ; was davon wahr, was anecdotenhaft ist, wird schwerlich festzustellen sein. Hecker S 33 sieht darin natürlich nur ein grundloses Gerücht, Dahn Lagerklatsch.

wie bereits bemerkt, die Beschaffenheit des Geländes für das Eingreifen der Reiterei so günstig ist wie an keiner andern Stelle des Schlachtfeldes.

Die Mauer der römischen Legionen auf dem rechten Flügel hatte dem Anprall der germanischen Reiter widerstanden, nun entwickelte sich im dichtesten Staubgewühle der Streit des Fussvolks gegeneinander.[1] Hauptsächlich scheint derselbe sich an der Römerstrasse und südlich derselben, nördlich des Musaubaches abgespielt zu haben. Die hier sanft abfallenden Böschungen waren für die römische Kampfesweise wie geschaffen. Der dammartige Uebergang der Strasse durch das Thal des Musaubachs war gewiss besonders heiss umstritten, hin und her, über den Thaleinschnitt und zurück wird die Schlacht gewogt haben.[2] In rasender Kampfeswuth warfen sich die alamannischen Keile auf den ehernen Schildwall der feindlichen Legionen, um mit ihrer ungefügen Kraft und durch die Wucht des Stosses denselben zu brechen; doch die Vortrefflichkeit der römischen Bewaffnung, vornehmlich der Schutzwaffen, des Panzers, des Helms und des Schildes, glich den Unterschied der körperlichen Stärke völlig aus.[3] Mit äusserster Zähigkeit und Hartnäckigkeit, die selbst die Verwundeten wieder in die Höhe trieb, suchten die Alamannen durch einen Speerhagel, durch unablässige Schwerthiebe und durch das Gewicht ihrer Körper das römische Schilddach zu sprengen.[4] Unentschieden wogte der Kampf hin und her. Zweimal drohten die Germanen die ersten feindlichen Glieder zu werfen, zweimal

---

[1] cumque in ipso proeliorum articulo eques se fortiter conturmaret et muniret latera sua firmius pedes, frontem artissimis conserens parmis, erigebantur crassi pulveris nubes XVI, 12, 37.

[2] variique fuere discursus nunc resistentibus nunc cedentibus nostris XVI, 12, 37.

[3] Amm. Marc. XVI, 12, 47. Man vergleiche nur die Abbildungen römischer Legionäre in Lindenschmit, Tracht u. Bewaffnung des römischen Heers während der Kaiserzeit, mit den Ausführungen desselben Verfassers über die germanischen Schutzwaffen in seinem Handbuch der deutschen Alterthumskunde I, 240 ff.

[4] Amm. Marc. XVI, 12, 44 u. 46.

brachten im Augenblicke der Noth die gallischen und germanischen Hilfsvölker Rettung.[1] Da holten die Alamannen zum letzten entscheidenden Stosse aus. Ein neuer furchtbarer Haufe,[2] zu dem sich der gesammte Adel des Volks, die Könige mit ihrem Gefolge voran, zusammengeballt hatte, stürzte gegen die römischen Schlachtreihen vor. Wirklich zersprengte er dieselben; aber an der letzten unberührten Kerntruppe Julians, an der im Centrum, also wohl an der Strasse stehenden Legion der Primani zerschellte seine Kraft.[3] Vor ihrer unerschütterlichen Mauer, hinter welcher der Einzelne mit der Ruhe eines Gladiators die Blössen seines blindwüthigen Gegners erspähte und traf, brachen die Germanen in Schaaren zusammen. Unablässig traten für die gefallenen Vordermänner die Hinterleute ein, um mit ihrem Blute den Sieg zu erkaufen, und sanken ins Grab, bis die Alamannen endlich über das fruchtlos verzweifelte Ringen, über das Morden ohne Ende Entsetzen ergriff und in die Flucht trieb.[4]

[1] Amm. Marc. XVI, 12, 43 u. 45. Dabn bemüht sich meines Erachtens nach völlig vergeblich, die Stellung der Cornuti, Bracchiati und Batavi innerhalb der römischen Schlachtreihe zu ermitteln. Darüber wissen wir Nichts.

[2] exiluit subito ardens optimatium globus, inter quos decernebant et reges, et sequente vulgo ante alios agmina nostrorum inrupit XVI, 12, 49. Das dürfte vielleicht nicht ein neuformirter Keil, sondern ein «drungus» gewesen sein, wie wir ihn aus Vegetius III, 16 u. 19 kennen. Vegetius erklärt den germanischen drungus selbst mit globus.

[3] et iter sibi aperiendo ad usque Primanorum legionem pervenit locatam in medio, — quae confirmatio castra praetoria dictitatur XVI, 12, 49. Eine merkwürdige Stelle, die bisher kaum beachtet. geschweige denn erklärt worden ist. Vegetius bietet zum Verständniss Nichts. Da die römische Heerverfassung der nachconstantinischen Zeit bisher nicht untersucht ist, so können wir nur vermuthen, dass damit eine römische Legion von Veteranen, die in der Reserve und im Centrum stand, bezeichnet werden soll, vielleicht durch eine leichte Feldverschanzung gedeckt Jedenfalls war es eine phalangitische Aufstellung von ziemlicher Tiefe, von 8-9 Gliedern. In den Vordertreffen mögen zumeist die Auxiliarcorps gestanden haben.

[4] Amm. Marc. XVI, 12, 49-51.

Von den geworfenen Vordertreffen der Römer in den Flanken gefasst, von dem ganzen feindlichen Heere stark gedrängt, wobei selbst die Trossknechte schliesslich nicht fehlten,[1] von den Balken der Wurfgeschütze überschüttet,[2] stürzten sie sich in wilder Unordnung den Höhenrand hinab in die Rheinebene, in derselben Richtung wie ihr schon geschlagener rechter Flügel. Eine Flucht nach Süden war durch die sumpfige Breuschniederung, die sich südlich am Fuss des Höhenzugs erstreckte, und durch den Gang der Schlacht ausgeschlossen, ein Rückzug auf Strassburg nicht möglich, da dasselbe allerdings in die Hände der Deutschen gefallen, jedoch sicher nicht in vertheidigungsfähigem Zustande war. Es lag in Trümmern,[3] die Germanen scheuten, wie Ammian bezeichnend und offenbar nach einer Aeusserung von Germanen sagt, die Städte wie umhegte Gräber.[4] Da auch der Weg nach Norden inzwischen durch die vordringenden Truppen des Severus, die jetzt gewiss energisch in die Verfolgung eingriffen, verlegt sein musste, so wälzte sich die Masse der Flüchtigen östlich und nordöstlich gegen den Rhein, etwa in der Richtung auf Schiltigheim-Bischheim.

---

[1] Libanios: οἱ τῶν σκευοφόρων φύλακες ἠρίσθησαν τῶν γιγνομένων μετασχεῖν.

[2] quorundam capita discissa trabalibus telis XVI, 12, 53. Schon bei dem Abschlagen des letzten Sturms der Alamannen mögen die Carroballisten in Thätigkeit getreten sein.

[3] Amm. Marc. XVI, 2, 12. Julian (ed. Hertlein I, 359) giebt die Zahl der von den Germanen in Gallien zerstörten Städte auf 45 an. v. Apell, Argentoratum S. 70 nimmt an, dass Strassburg von Valentinian wieder neu befestigt worden sei. Ueber Strassburg als römischen Waffenplatz während der ersten Jahrhunderte handelt kurz und treffend Mommsen i. Korrespondenzblatt der Westdeutschen Zeitschrift III, 131 ff.

[4] ipsa oppida ut circumdata retiis busta declinant XVI, 2, 12. Ich schliesse mich der Erklärung von Lindenschmit, Handbuch der deutschen Alterthumskunde I, 95 an, der auf die altgermanische Sitte verweist, die Gräber mit einem Dornenhag zu umschliessen. Guten Sinn hat übrigens auch die Lesart lustra, die indess handschriftlich nicht bezeugt ist.

Aus der Darstellung von Ammian wie Libanios, namentlich aber des erstern über diese letzten Scenen der Schlacht, gewinnt man den Eindruck, als sei damals der Rhein nicht in so weitem Abstand von den Hausbergen geflossen, als es jetzt der Fall ist. Ammian zeigt uns den Fluss dicht hinter dem Rücken der weichenden und Rettung suchenden Germanen.[1] Dabei ist nun einmal zu beachten, dass bei der rasch sich abspielenden Verfolgung die Römer sich schwerlich ein deutliches und genaues Bild der Entfernungen gemacht haben werden, es genügte wohl schon der Blick von der Höhe herab auf die Wasserflächen des Rheins, um denselben näher erscheinen zu lassen, als er in Wirklichkeit war. Heutzutage beträgt die Entfernung des Schlachtfeldes, etwa von dem bekannten Punkte 170,5 bis zum Hauptstrom in der Höhe von Schiltigheim ungefähr zwölf Kilometer, eine für die Verfolgung zu ausgedehnte Strecke, unvereinbar mit der Angabe Ammians. Man wird indess unbedenklich das Flussbett für jene Zeiten näher nach Westen verlegen dürfen. Man weiss, welche seltsame Wandlungen sich der serpentinirende Rheinlauf in der historischen Vergangenheit gestattet hat, wie er im Mittelalter Breisach von seiner linken auf die rechte Seite gebracht, wie er im sechszehnten Jahrhundert das jetzt pfälzische Dorf Neuburg vom rechten auf das linke Ufer gespült, wie er noch in diesem Jahrhundert bei Dalhunden sich einen 4 Kilometer östlicher gelegenen Thalweg gesucht hat.[2] Ein so ausgezeichneter Kenner der Stromverhältnisse des Rheins wie der badische Oberst Tulla, der Schöpfer der Rheincorrection, hat für die römische Zeit einen Arm des Rheins in das heutige Illbett verlegt.[3] Geht man heute nach Schiltigheim-Bischheim hinaus,

---

[1] ad subsidia fluminis petivere quae sola restabant eorum terga jam perstringentis XVI, 12, 54.

[2] Vergl. Daubrée, Description géologique et minéralogique du dép. du Bas-Rhin p. 254.

[3] Vergl. den Vortrag von Honsell, Der deutsche Oberrhein in vorhistorischer und historischer Zeit i. Correspondenzblatt der deut-

so kann man unweit rechts der Hauptstrasse eine Terrainterrasse scharf unterscheiden, die zugleich mit der Grenze zwischen dem Diluvialgebiet, der Sandlössformation und den Alluvionen des Rheins zusammenfällt. Auch die geologische Untersuchung [1] bestätigt hier die Existenz des Hochgestades, des ehemaligen linken Stromufers. Von hier bis zum Schlachtfeld beträgt die Entfernung nur 7-8 Kilometer und bei dieser Annahme werden die Quellenberichte verständlicher.

Bei Ammian tritt uns das Bild des breiten, nackten, reissenden Stromes entgegen; Libanios schildert richtiger mannigfach im Fluss verstreute kleine Werder, die mit dichtem Holz bestanden sind. [2] Hierher suchten sich die Alamannen zu retten. Brachen sie in Haufen auf der Flucht unter den Hieben der nachsetzenden Römer zusammen, so fanden sie jetzt in ungezählter Menge in den Fluthen den Tod. Nur wenige geschickte Schwimmer entkamen. Hierher wäre die Scene in G. Freytags Roman «Ingo» zu verlegen, in der jener vandalische Stammvater der «Ahnen» die römische Drachenstandarte den Feinden entreisst und mit ihr in den Strom springt. Wäre uns in Wirklichkeit ein deutsches Heldenlied jener Zeit über die Schlacht erhalten, wie es der moderne Dichter dem Sänger Volkmar bei den Thüringern auf die Lippen legt, wir hätten wohl von dieser letzten Todesnoth der Alamannen ein getreueres und ergreifenderes Bild, als es uns Ammian zeichnet : die Römer schauen wie in der Arena auf die mit den Fluthen ringenden und versinkenden Germanen, überschütten sie mit einem Speer- und Pfeilregen. [3] Wie viele

---

schen anthropologischen Gesellschaft 1885 S. 102. Zosimos III, 3 nennt geradezu Strassburg πόλιν πρὸς τῇ τοῦ Ῥήνου κειμένην ὄχθῃ.

[1] Vergl. E. Schumacher, Erläuterungen zur geologischen Karte der Umgegend von Strassburg S. 4 ff. Die Ränder der Diluvialterrasse sind die supercilia Rheni bei Ammian.

[2] Libanios: μεσταὶ δὲ ἦσαν τῶν κειμένων αἱ νῆσοι τοῦ ποταμοῦ etc. Darin sieht Hecker S. 32 unbegreiflicher Weise nur eine Erfindung

[3] Amm. Marc. XVI, 12, 56 u. 57.

von ihnen dort ein nasses Grab gefunden, ist nicht festzustellen; auf der Wahlstatt allein lagen nach Ammian 6000 Leichen.[1] Dagegen giebt er die Verlustziffer der Römer so niedrig an, auf 243 Mann, dass sie starkem Bedenken unterliegen darf.

Chnodomar hatte sich mit einer kleinen Schaar Getreuer nordwärts in der Richtung auf Selz zu retten gesucht in der Absicht, auf bereit gehaltenen Schiffen dort über den Strom zu setzen und die Heimath wieder zu erreichen.[2] Auf dem sumpfigen, moorigen Boden glitt sein Pferd aus, er stürzte und flüchtete sich auf einen bewaldeten Hügel in der Nähe. Hier von einer römischen Cohorte umstellt ergab er sich dem Feinde und mit ihm sein Gefolge.[3] Dieser Schlussact dürfte sich in der Gegend von Hönheim abgespielt haben.[4]

Es kam der Abend, die Sonne ging unter, in jener Augusthälfte gegen 7 Uhr.[5] Nach einem heissen blutigen Tagewerk von vierzehn Stunden lagerte sich das siegreiche römische Heer am Ufer des Rheins.

---

[1] Amm. Marc. XVI, 12, 63. Libanios giebt 8000 Leichen an. Die Ziffer von 60000 bei Zosimos ist wohl nur durch Verschreiben entstanden.

[2] Amm. Marc. XVI, 12, 58 u. 59 ad castra quae prope Tribuncos et Concordiam munimenta Romana fixit intrepidus properabat. Concordia ist das heutige Altenstadt bei Weissenburg. In Tribunci vermuthet Schöpflin Lauterburg. Vergl. Als. ill. I, 228 u. 233. Aus diesem Wege der Flucht wird man schliessen dürfen, dass etwa in die Gegend zwischen Rastatt und Mainz der Gau des Chnodomar zu setzen ist.

[3] Amm Marc. XVI, 12, 59 u. 60.

[4] Westlich von Hönheim sind heute noch kleinere Terrainerhebungen zu constatiren, die damals, als das Rheinbett tiefer lag, sich wohl stattlicher ausnahmen. Hierher verlegt Dr. Hammerle i. d. Topographie der Stadt Strassburg S. 36 das Schlachtfeld, ohne die Quellen zu kennen, nur vom Standpunkt des Hydrographen aus.

[5] Quibus terminatis post exactum jam diem — miles victu fruebatur et somno XVI, 12, 62. Libanios: καὶ ὁ μὲν ἥλιος τοιοῦτον ἔργον ἐπιδὼν ἔδυ.

So Verlauf und Ende der Alamannenschlacht vor Strassburg. Wenn es Pflicht jeder geschichtlichen, namentlich aber der lokalhistorischen Forschung ist, den Zusammenhang der Ereignisse mit den Zeit- und Ortsverhältnissen zu untersuchen und klarzulegen, so möge darin dieser Versuch seine Rechtfertigung finden. Nebenher möchte er freilich auch weitere Kreise anregen, Aufmerksamkeit und Interesse den Anfängen der deutschen Geschichte des Elsass zuzuwenden.

ANHANG.

1. Der Bericht des Libanios.

Der für uns in Betracht kommende Passus aus dem λόγος ἐπιτάφιος ἐπ' Ἰουλιανῷ findet sich in der alten Libanios-Ausgabe von Jac. Reiske I, 539-543. Da diese Ausgabe sehr selten und schwer zugänglich ist, so gebe ich hier den Wortlaut der bisher wenig beachteten Stelle. Herr Professor Dr. R. Förster in Kiel, der seit langen Jahren an der Vorbereitung einer neuen textkritischen Ausgabe des Libanios arbeitet, war so freundlich, mir seine Emendationen und seine Handschriften-Vergleichung für den betreffenden Passus zur Verfügung zu stellen. Für diese Bereitwilligkeit sage ich ihm auch hier meinen wärmsten Dank. Ich gebe im Folgenden nur die Besserungen und nicht die Varianten.

ὁ βασιλεὺς ἐνεπίμπλη πυρῶν καὶ φρούρια καὶ πόλεις ἀπὸ τῶν ἐκείνοις εἰργασμένων ληίων, ταῖς τῶν στρατιωτῶν χερσίν, ὡς οἷόν τε ἦν, ἐπὶ τούτῳ χρώμενος. καὶ τὰ κείμενα ἀνίστη, καὶ πόρρω τοῦ Τίγρητος χειμάζω τι βασιλεῖ τὰς τῶν ἐχθρῶν ἐπιχειρήσεις ὀξέως μηνύσειν ἔμελλεν, ἄλλων παρ' ἄλλων δεχομένων τὸν λόγον. πρότερον δὲ τὸ μῆκος τῆς ἐρημίας ἀφῃρεῖτο τὴν τῶν ἐπιβουλῶν αἴσθησιν. ταῦτα δὴ πυνθανόμενοι Ῥωμαίους ἐν γῇ Ῥωμαίων τὰ ἐκείνων ἀμῶντας, ἀγανακτήσαντες, ὥσπερ τῶν πατρῴων αὐτοῖς κειρομένων, πέμψαντες κήρυκα καὶ δι' ἐκείνου δεικνύντες τὰς ἐπιστολάς, αἳ τὴν γῆν αὐτῶν ἐποίουν, πολεμεῖν αὐτὸν ἔφασκον τοῖς τῷ πρεσβυτέρῳ δέξασι, καὶ δεῖν τοῦτο ομολογείν, ή τοις γεγραμμένοις έμμένειν, ή μηδέτερον βουλόμενον ελπίζειν μάχην. ο δε τον μεν επί κατασκοπήν ήκειν ειπών, μη γαρ αν ούτω θρασύν γενέσθαι τον εκείνων άρχοντα, κατεΐχεν.

αυτός δε μεμνημένος των παρακελεύσεων, ών ήκουσεν εν ταις συγγραφαϊς, των παλαιών εκείνων διεξιόντων στρατηγών, και καλώς ειδώς, ότι λόγος τοιούτος έργων ηγούμενος, εύψυχον επί την συμπλοκήν παραπέμπει τον στρατιώτην, είπε λόγον, δν ήδιστα μεν αν εις τον παρόντα λόγον ενέθηκα. του νόμου δε του περί ταύτα ουκ εώντος, τοσούτον είποιμ' άν, ότι τοΐσι δ' άφαρ πόλεμος γλυκίων γένετ' ή πρότερον το μηδέν ποιεΐν.

και εδόκει δεΐν κέρας μεν εκάτερον τους ιππέας έχειν, το μέσον δε είναι των οπλιτών. τους δε αμείνους εκατέρων τούτων εν τω δεξιω περί τον βασιλέα. και τούτο έδει μεν τους πολεμίους λανθάνειν. λαθεΐν δ' ουκ είασεν αυτομόλων τινών κακία. γιγνομένης δε της εκείνων διαβάσεως, κωλύσαι μεν εξόν, ο βασιλεύς ουκ εβουλήθη, αλλ' ουδέ μέρει μικρώ προσπεσών μαχέσασθαι. ήδη δε όντων τρισμυρίων κατέβαινε, πριν επιγενέσθαι πολλάκις τοσούτους. εγνώκεσαν γάρ, ως ην ακούειν ύστερον, μηδένα των μαχίμων οίκοι μένειν. άμφω τοίνυν άξια θαυμάσαι, το μήτε τοις πρώτοις απαντήσαι, μήτε πάν το κεκινημένον δέξασθαι. το μεν γαρ ην ου μέγα, το δε του μεγίστου κινδύνου. και το μεν μικρού την γνώμην, το δε αλογίστου. δια τούτο πλείους μεν, ών ήγε, και πολλώ τινι περαιουμένους ουκ είργε, τη δ' εφόδω το τούτοις επιρρέον έστησε, τοΐς βαρβάροις δε πάντα πεπυσμένοις, το μεν ανδρειότερον της στρατιάς προς το κρεΐττον αντετέτακτο, τω δεξιω δε κέρα σύμμαχον έδωκαν λόχον, δν έκρυψαν υπ' οχετω μετεώρω, καλάμων πυκνών, (και γαρ ην υδρηλόν το χωρίον) τους καθημένους αφανιζόντων. ου μην τους γε οφθαλμούς των επ' άκρω τω ευωνύμω των 'Ρωμαίων ελάνθανον, αλλ' ως είδον, άμα βοή δραμόντες, τους μεν αναστήσαντες εδίωκον, της στρατιάς δ' εις ήμισυ δι' εκείνων διετάραξαν, φυγής φυγήν τεκούσης, της των πρώτων την των δευτέρων. γίγνεται δέ τι παραπλήσιον εν τη μάχη τω περί την των Κορινθίων προς Κερκυραίους ναυμαχίαν. και γαρ εν ταύτη νικάσθαί τε και νικάν εκατέροις συνέβη. το γαρ ευώνυμον εκατέρων εκράτει, ώστ' επιέζετο το περί τον βασιλέα 'Ρωμαίων δεξιόν, λογάδες υπό λογάδων. και ουδέ τοις τα σημεία φέρουσιν, οι φυλάττειν δη μάλιστα μεμελετήκασι τάξιν, ο νόμος εσώζετο. ως δ' ενέκλιναν, μέγα βοήσας ὁ βασιλεύς, καὶ τοὺς τοῦ Τελαμωνίου μιμησάμενος λόγους, (ὁ μὲν γὰρ εἶπεν οὐκ εἶναι τοῖς Ἕλλησι, διαφθαρεισῶν τῶν νεῶν ἐπάνοδον, ὁ δὲ, ἡττηθεῖσι τούτοις κεκλείσεσθαι τὰς πόλεις καὶ τροφὴν δώσειν οὐδένα), καὶ ἐπέθηκε δὴ τελευτῶν, ὡς, εἰ δέδοκται φεύγειν, αὐτὸν δεήσει κτείναντας τότ' ἤδη δραπετεύειν, ὡς ζῶντί γε οὐκ ἐπιτρέψειν. καὶ δείκνυσι δὴ τῶν βαρβάρων τοὺς ἐλαυνομένους ὑπὸ τῶν τρεψαμένων. ὡς δὲ τὰ μὲν ἤκουσαν, τὰ δὲ εἶδον, καὶ τὰ μὲν ᾐσχύνθησαν, τοῖς δὲ ἥσθησαν, ἀνέστρεφόν τε καὶ αὖθις συνέμισγον καὶ τὸ αἰσχρὸν ἐλέλυτο, καὶ πᾶς ἦν ἐν τῷ διώκειν, ὥστε καὶ οἱ τῶν σκευοφόρων τῶν ἐν τῇ κορυφῇ φύλακες ἡράσθησαν τῶν γιγνομένων μετασχεῖν. ὡς δὲ ἠπείγοντο, καὶ ὁ δρόμος δῆλος ἦν, δόξαν πλείονος δυνάμεως παρέσχον τοῖς βαρβάροις, καὶ οὐκ ἦν ὁ μένειν ἔτι βουλόμενος, ὥστ' ἐκεκάλυπτο μὲν τὸ πεδίον ὀκτακισχιλίοις νεκροῖς. ἐκρύπτετο δ' ὁ Ῥῆνος τοῖς ἀπειρίᾳ τοῦ νεῖν ἀποπνιγεῖσι. μεσταὶ δὲ ἦσαν τῶν κειμένων αἱ νῆσοι τοῦ ποταμοῦ, τῶν νενικηκότων ἐπὶ τοὺς ἐν ταῖς ὕλαις ἐπτηχότας ἰόντων. τοῖς δὲ πορρωτάτω βαρβάροις νεκροὶ καὶ ὅπλα τὴν μάχην ἐμήνυον ὑπὸ τοῦ ῥεύματος φερόμενοι. τὸ δὲ μέγιστον. σαγηνεύοντες γὰρ τοὺς ἐν ταῖς νήσοις, ἐν ταύτῃ τῇ θήρᾳ καὶ τὸν ἄρχοντα μετὰ τῶν ἀρχομένων εἷλον, ὃν ἦγον ἐχόμενοι τῶν χειρῶν, οὐ γυμνώσαντες τῶν ὅπλων, ἄνδρα μέγιστόν τε καὶ κάλλιστον καὶ τοὺς ἁπάντων ὀφθαλμοὺς ἐπιστρέφοντα καὶ σώματι καὶ σκευῇ. καὶ ὁ μὲν ἥλιος τοιοῦτον ἔργον ἐπιδὼν ἔδυ.

II. Die Römerstrasse von Strassburg nach Zabern.

Die erste kurze Beschreibung dieser Römerstrasse durch den Kochersberg hat de Morlet in seinem schon erwähnten Aufsatz « Notice sur les voies romaines » etc. p. 49-51 gegeben, ohne indess irgendwie auf Einzelnheiten einzugehen. Schöpflin Als. ill. I, 253 erwähnt als grosse Heerstrasse nur den über Brumath führenden Weg. Nachdem ich die Strasse von Zabern wie von Strassburg aus wiederholt besucht und in ihrer ganzen Länge abgeschritten habe, bin ich für meinen Theil nicht im mindesten zweifelhaft, dass sie eine römische Heerstrasse und mit der im Itinerarium Antonini erwähnten identisch ist.

Ich gebe zunächst meine äusserlichen Beobachtungen. Wenn man von Zabern kommt, so treten ihre Spuren zuerst zwischen Wolschheim und Kleingöft deutlich auf. Hier an dem diese beiden Dörfer verbindenden Wege, an einer Kapelle 500 Meter nördlich von Kleingöft, zieht sie sich östlich auf die Höhe des Schälbergs, erkennbar als ein 7 Meter breiter Streifen mit spärlicher Grasnarbe und mit zum Theil über die anliegenden Aecker erhöhten Rändern. Vom Schälberg wendet sie sich südöstlich über die Punkte 199,1 und 198,9 des Messtischblattes Wasselnheim als ein stark verengter Feldweg, der an einer Stelle von dem Pflug schon völlig unterbrochen ist, und erlangt dann vom Bruchgraben ihre alte Breite wieder, die sie bis zur Wasselnheimer Strasse beibehält. Von dieser zweigt sie sich 500 Schritte von Zeinheim wiederum in südöstlicher Richtung ab und steigt als Feldweg mit wechselnder Breite bis zu 7 Metern auf das

Plateau oberhalb Winzenheim, von dem sie dann eingeschnitten an der nördlichen Wand der Thalmulde sich nach Küttolsheim hinabsenkt, mitten zwischen den Punkten 235,6 und 237 auf dem Messtischblatt Truchtersheim. Von Küttolsheim ab läuft sie als 7 Meter breite Fahrstrasse über Fessenheim, Quatzenheim, Hürtigheim nach dem Punkte 170,5 des Messtischblattes Truchtersheim, wo sie in die von Ittenheim kommende grosse Chaussée einfällt, von hier ab auf der Karte auch als alte Römerstrasse bezeichnet. Reste der alten Steingrundlage sind namentlich zwischen Bruch- und Höhnengraben in der Gemarkung Zeinheim sichtbar. In Küttolsheim bereits abgesperrt, südlich des Schälbergs vom Pflug des Ackerers angegriffen, wird die Römerstrasse auf jener ersten Strecke, wo sie jetzt noch als Feldweg wenigstens existirt, in wenigen Jahrzehnten ihre characteristischen Merkmale völlig verloren haben, auf der zweiten von Küttolsheim ab nach Strassburg sind sie zum grossen Theile durch die darüber gelegte neuere Strasse schon verwischt.

Die Fortsetzung nach Zabern glaube ich zunächst auf der von Männolsheim, zwischen Schweinheim und Furchhausen hindurchgehenden Zaberner Chaussée zu finden, dann in einem 3½ Meter breiten Feldweg, der sich 500 Meter südlich vom Punkte 224 des Messtischblattes Zabern in nordwestlicher Richtung abzweigt und über die Punkte 213, 224,8 und 220 an die Mossel zieht. Alte im Bezirks-Archiv befindliche Katasterpläne der Gemeinden Schweinheim und Ottersweiler bezeichnen diesen Feldweg als «Kaiserstrasse». Denselben Namen führt dann in einem Almendbuch der Stadt Zabern von 1461 die Fortsetzung jenseits der Mossel, der sogenannte Galgenweg, der an dem Punkte 201 schon innerhalb der Stadt Zabern in die Mauersmünsterer Strasse mündet, auf dieser letzten Strecke etwa 2 Meter breit mit 4 Meter breiten Streifen an beiden Seiten. An der Bahnlinie Zabern-Mauersmünster hört die Spur des Weges völlig auf, auch der Uebergang über die Mossel ist nicht mehr zu constatiren. Diese Notiz verdanke ich der freundlichen Güte des Herrn Dr. Luthmer zu Zabern.

Die Schlussstrecke der Strasse nach Strassburg vom Punkt 170,5 ab des Messtischblattes Truchtersheim ist am wenigsten sicher zu bestimmen. Wir wissen nicht, können nur annehmen, dass sie sich mit der über Königshofen laufenden grossen Pariser Chaussée deckt. In Königshofen selbst, wo bekanntlich eine grosse römische Grabstätte blosgelegt wurde, ist es fraglich, ob sie mit der Landstrasse oder mit dem parallel gehenden «Altweg» zusammenfällt. Bei den im Jahr 1876 begonnenen neuen Umwallungsbauten hat sich weder unter der Pariser Landstrasse noch im Zuge des Altwegs eine Spur der Römerstrasse gefunden. v. Apell in seiner Abhandlung «Argentoratum» (Bulletin de la Soc. pour les mon. hist. d'Alsace XII, 59) erklärt dies damit, dass im Mittelalter dies Gelände stellenweis bis zu 4 Meter Tiefe abgetragen worden sei. Ueber die allgemeine Richtung der Strasse indess kann wohl kein Zweifel herrschen, längs der jetzigen Weissthurm- und Langstrasse wird sie am Thor bei der Krämerstrasse in das Castell von Strassburg eingelaufen sein.

Was die Benennung unserer Strasse im Mittelalter und in der Neuzeit anbelangt, so bemerke ich, dass sie ein altes Schwarzacher Salbuch des Badischen General-Landes-Archivs Nr. 4 fol. 51 in der Gemarkung von Fessenheim 1450 als «hohe strasse» bezeichnet (vergl. Mones Zeitschrift für Gesch. des Oberrheins V, 256). Von mir bei den Bürgermeistern von fünfzehn an die Strasse stossenden Ortschaften eingezogene Erkundigungen ergaben, dass sich in den Gewann- und Flurnamen von Fessenheim, Hürtigheim, Oberhausbergen, Quatzenheim, Schweinheim, Wolschheim und Wolfisheim keine Erinnerung an die Römerstrasse mehr findet. Am letzten Ort kennt sie nur der Volksmund noch als «Altstrass». Dagegen haben die Gemeinden Küttolsheim, Kleingöft, Männolsheim, Willgottheim, Winzenheim und Zeinheim in ihren Flurbüchern dafür noch die Benennung «Altstrass», Küttolsheim und Zeinheim daneben noch «Hochstrass». In Furchhausen erscheint ein Logel «auf die Kaiserstrass», in Ottersweiler eine Gewann «auf die Kaiserstrass». Man sieht, wie eben da, wo die meisten äussern

Spuren der Strasse sich finden, auch die alte Bezeichnung und die Erinnerung sich noch forterhält.

Profile der Strasse habe ich nicht aufgegraben. Es wird dies aber nothwendig sein, wenn einmal das gesammte römische Strassennetz im Elsass gründlich untersucht werden sollte. Dafür wäre es hohe Zeit, wenn wir nicht hinter den Nachbarländern zu sehr zurückbleiben und allmählich alle äussern Anhaltspunkte verlieren wollen.